...EMENTATION DU TRAVAIL

...embre 1848 sur le travail des adultes. — Lois du 2 novembre 1892
...travail des femmes et des enfants; du 30 mars 1900 sur la durée
du travail; du 12 juin 1893 sur l'hygiène et la sécurité des travailleurs;
du 9 avril 1898 sur les accidents du travail; du 29 décembre 1900 sur
les sièges dans les magasins.

GUIDE PRATIQUE

POUR LES

INDUSTRIES DU VÊTEMENT

PAR

François GOUTTES (◊ A.)
Inspecteur divisionnaire
du travail dans l'industrie.

André DALFORT (◊ A.)
Ancien principal clerc de notaire.
Licencié en droit.

BORDEAUX

Prix : **75** cent.

PAR LES MÊMES AUTEURS :

GUIDES PRATIQUES POUR LES INDUSTRIES :

*De l'alimentation; — du livre; — du bois; — des cuirs et peaux; —
des métaux; — des usines à feu continu; — des pierres et terres
au feu; — du bâtiment; — caoutchouc, papier et carton; — industries chimiques.*

BORDEAUX

IMPRIMERIE G. GOUNOUILHOU
9-11, rue Guiraude, 9-11

—

1902

Tous droits réservés.

*On trouve l'ouvrage chez les Auteurs, et en dépôt aux principaux
journaux de Bordeaux.*

RÉGLEMENTATION DU TRAVAIL

GUIDE PRATIQUE

POUR LES

INDUSTRIES DU VÊTEMENT

OU

RÉSUMÉ DE TOUTES LES OBLIGATIONS LÉGALES

DONT LA CONNAISSANCE

EST INDISPENSABLE AUX PRATICIENS DU TRAVAIL DE :

Confections, couture et lingeries pour hommes, femmes et enfants ;
— Confections en fourrures ; — Broderie et passementerie pour
confections ; — Fabrication et confection de chapeaux en toutes
matières pour hommes, femmes et enfants ; — Confection de
corsets ; — Blanchisserie, lissage ou repassage de linge fin ; —
Plumes, fleurs, etc. ; — Magasins.

PAR

François GOUTTES (Ⓐ A.) | **André DALFORT** (Ⓐ A.)

Inspecteur divisionnaire   Ancien principal clerc de notaire,
du travail dans l'industrie.   licencié en droit.

BORDEAUX

AVANT-PROPOS

Le chef d'industrie, dont les instants sont absorbés par les multiples préoccupations industrielles journalières, ne dispose pas du temps nécessaire à la recherche ingrate, parmi les textes des lois ouvrières, des prescriptions qui visent spécialement son industrie et qui seules l'intéressent puisqu'il est responsable de leur application.

De là son aversion pour une réglementation qui lui paraît d'autant plus oppressive qu'elle lui est restée inconnue.

Mais que dire alors de la situation des patronnes modistes, couturières, lingères, lisseuses ou repasseuses, corsetières, brodeuses, etc., bien moins préparées à cette étude que le chef d'industrie et d'entreprise, et qui, malgré leur désir de satisfaire à la loi, sont dans l'impossibilité de se retrouver et de se reconnaître parmi le dédale des lois ouvrières et industrielles où se perdent les professionnels ?

Nous avons voulu combler une lacune en créant et publiant nos *guides pratiques*, qui ne contiendront, condensées dans de petits manuels, que les prescriptions légales intéressant les industries énumérées sur la couverture de l'ouvrage, prescriptions qu'il suffira de lire attentivement une seule fois pour les comprendre, les retenir et savoir s'y conformer.

Ces guides sont une innovation utile, car s'il existe quelques rares recueils de lois industrielles, l'on ne trouve nulle part un résumé pratique des questions de législation ouvrière par groupes d'industries.

Ce ne sont pas des textes que nous publions : c'est un manuel qui sera entre les mains de tous les intéressés et qui ne donnera et ne contiendra que ce qu'il est utile pour eux de savoir et de connaître, afin d'éviter des infractions à la loi, et, par conséquent, des amendes et autres pénalités.

Notre but est d'être utile à la vulgarisation de prescriptions que l'on critique sans les connaître et de contribuer ainsi à l'application de lois éminemment utiles et humanitaires qui ne s'imposent trop souvent que par des sanctions répressives et pénales, alors que, mieux connues et mieux étudiées des intéressés, la persuasion seule suffirait à en assurer leur exécution.

Si ce but est atteint, si nous parvenons à abréger les recherches et le labeur de ceux à qui s'adressent nos manuels, si nous avons contribué à prévenir des infractions à la loi, à en faciliter l'application, nous ne regretterons ni le temps ni les soins que nous avons consacrés à cette publication.

Bordeaux, le 15 mai 1902.

GUIDE PRATIQUE

POUR LES

INDUSTRIES DU VÊTEMENT

Loi du 9 septembre 1848 modifiée par la loi du 30 mars 1900.

Durée du travail.

CHAPITRE PREMIER

Usines et Manufactures.
Ateliers de famille.

Les industries du vêtement utilisent peu de machines-outils mues par des moteurs inanimés, tels que : moteurs à air comprimé, à vapeur, détonants, électriques ou hydrauliques; cependant il s'en trouve dans quelques établissements, et ces établissements sont alors considérés comme des usines soumises au régime de la loi du 9 septembre 1848 sur la durée du travail, et de l'article 2 de la loi du 30 mars 1900, si le personnel occupé y est mixte.

On appelle *personnel mixte* celui qui comprend soit des enfants de moins de dix-huit ans, soit des filles ou femmes au-dessus de cet âge qui travaillent dans les *mêmes locaux* que des hommes âgés de plus de dix-huit ans, c'est-à-dire dans les ateliers où le travail se fait simultanément et en commun (arrêt de la Cour de cassation du 30 novembre 1901).

Un seul enfant ou une seule femme suffit pour donner au personnel la qualité de *mixte*, et soumettre le local aux prescriptions de la loi du 30 mars 1900 qui fixe la durée du travail à dix heures et demie depuis le 30 mars 1902 jusqu'au 30 mars 1904, et à dix heures après cette dernière date.

L'entrée et la sortie des enfants, des filles et des femmes *doivent s'effectuer aux mêmes heures, et les repos doivent être pris en même temps.* (Arrêt de la Cour de cassation du 26 décembre 1901.)

Les ouvriers âgés de plus de dix-huit ans ne sont pas astreints à entrer et à sortir aux mêmes heures (même arrêt), mais la durée du travail doit être la même pour eux dans les ateliers à personnel mixte.

Le décret du 28 mars 1902 accorde (article 1er) la prolongation du travail journalier :

1° Une heure et demie tous les jours, et deux heures le lendemain de tout jour de chômage, aux chauffeurs et mécaniciens conducteurs de machines motrices;

2° Une demi-heure aux ouvriers employés au nettoyage et à l'entretien des métiers qui ne peuvent être mis au repos pendant la marche régulière de l'établissement.

Ce décret fait en outre bénéficier le personnel masculin de plus de dix-huit ans des augmentations sur la durée du travail accordées aux enfants et aux femmes (article 2).

Le patron qui veut user des facultés ci-dessus est tenu d'en aviser préalablement l'inspecteur départemental du travail, en fixant : le nombre d'ouvriers, l'augmentation de la durée du travail journalier, les heures du travail et de repos de ces ouvriers et de l'ensemble du personnel de l'établissement, enfin les jours auxquels s'applique l'augmentation.

Copie de cet avis doit être affiché dans l'atelier.

Dès qu'un atelier occupe plus de vingt personnes, il devient une *manufacture;* le personnel masculin est soumis aux prescriptions de la loi du 9 septembre 1848 lors même qu'il n'y soit pas fait usage d'un moteur inanimé. Les « manufactures » à personnel exclusivement masculin échappent à la loi du 30 mars 1900; la durée du travail peut y atteindre douze heures (art. 1er de la loi du 9 septembre 1848).

Les ateliers occupant vingt ouvriers, ou moins de vingt ouvriers du sexe masculin, âgés de plus de dix-huit ans, échappent à la réglementation sur la durée du travail, tandis que ceux qui, avec un personnel masculin, occupent soit des enfants de moins de dix-huit ans, soit des filles ou des femmes, sont soumis au régime de la loi du 2 novembre 1892 modifiée par la loi du 30 mars 1900.

Les « ateliers de famille » ne sont pas soumis à la réglementation. On appelle « ateliers de famille » ceux où ne sont employés que les membres de la famille sous l'autorité soit du père, soit de la mère, soit du tuteur. Néanmoins, si dans les ateliers de famille il est fait usage soit de chaudière à vapeur, soit de moteur mécanique, ou si l'établissement est classé au nombre des établissements dangereux ou insalubres, l'inspection du travail peut y prescrire les mesures de salubrité et de sécurité que nous examinerons par la suite.

Résumé.— *Dans les usines et manufactures soumises à la loi du 9 septembre 1848 n'occupant que des hommes, la durée du travail effectif peut atteindre douze heures. Si avec les hommes il est occupé des enfants ou des femmes, la durée du travail ne pourra dépasser dix heures et demie du*

30 mars 1902 au 30 mars 1904, et dix heures après le 30 mars, sauf exceptions prévues.

Dans les ateliers n'occupant que des hommes, la durée du travail n'est pas réglementée si le personnel ne comporte pas plus de vingt personnes.

Dans les ateliers de famille, la durée du travail n'est pas déterminée par la loi.

CHAPITRE II

Enfants âgés de moins de 18 ans.

(Loi du 2 novembre 1892 modifiée par la loi du 30 mars 1900.)

Age d'admission. — Dans les industries du vêtement, les enfants de moins de dix-huit ans peuvent être occupés à presque tous les travaux (nous ferons connaître les travaux interdits).

Les enfants âgés de douze ans, pourvus du *certificat d'études primaires* institué par la loi du 28 mars 1882, peuvent être admis au travail s'ils produisent *un certificat d'aptitude physique*. On appelle *certificat d'aptitude physique* une attestation, d'un docteur désigné, que l'enfant peut sans danger pour son organisme exécuter le travail industriel qui lui sera confié.

Les certificats d'aptitude physique ne peuvent être délivrés que par : 1° les médecins inspecteurs des écoles; 2° les médecins chargés de la surveillance des enfants du premier âge; et 3° par les médecins chargés d'un service public et désignés à cet effet par le préfet.

Les certificats délivrés par d'autres médecins sont *légalement nuls.*

MODÈLE DE CERTIFICAT D'APTITUDE PHYSIQUE

POUR LES ENFANTS DE 12 A 13 ANS

Loi du 2 novembre 1892 (art. 2).

Je, soussigné,

médecin chargé de l'examen médical des enfants de *douze à treize ans,* qui se destinent à l'industrie, déclare avoir procédé à la visite d

jeune   , né le

domicilié à

et atteste que cet   enfant peut être occupé   ; sans inconvénient pour sa santé, comme ouvrier   , profession à laquelle   m'a dit vouloir se livrer.

En foi de quoi j'ai délivré le présent certificat.

Fait à   , le   , 190 .

Adresse :   SIGNATURE :

Le *certificat d'études primaires* ne peut être exigé par les patrons, il suffit que sa possession soit indiquée sur le livret par le maire. Il n'en est pas de même du *certificat d'aptitude physique, qui doit accompagner le livret* et être représenté par le patron à toutes les demandes des inspecteurs du travail.

Le *livret est délivré gratuitement par le maire* de la résidence du patron ou de l'enfant, *sur la présentation des deux certificats ci-dessus* si l'enfant est âgé de moins de treize ans, et sur un simple bulletin de naissance si l'enfant n'est pas né dans la commune et s'il est âgé de treize ans révolus.

Aucun enfant âgé de moins de douze ans ne peut être pourvu de livret.

L'employeur, sous peine d'une amende de 5 à 15 francs par enfant, ne peut occuper d'enfant de moins de dix-huit ans, *s'il n'a inscrit sur le livret la date de l'entrée dans son établissement.* Une double amende de 5 à 15 francs est encourue par l'employeur qui occuperait un enfant de douze à treize ans *sans posséder son livret et le certificat d'aptitude physique* (art. 2 de la loi du 2 nov. 1892). Une contravention distincte est encourue pour la *non-présentation de chacune de ces pièces aux inspecteurs du travail* (art. 20).

Les inspecteurs du travail peuvent toujours exiger un examen médical, lorsque les enfants leur paraissent d'une constitution trop faible pour le travail qui leur est confié, et demander, selon les résultats de cet examen, que ces enfants soient congédiés ou occupés à un travail moins pénible (art. 2 de la loi du 2 nov. 1892).

Résumé.— *Ne jamais occuper un enfant de moins de dix-huit ans, si on ne possède son livret et sans avoir inscrit sur ce livret la date de l'entrée dans l'atelier. Pour les enfants de douze à treize ans, conserver dans le livret le certificat d'aptitude physique. Tenir les livrets à la disposition des inspecteurs du travail.*

Travaux interdits aux enfants de moins de 18 ans.

(Décret du 13 mai 1893.)

On ne peut occuper les enfants de moins de dix-huit ans *au graissage, au nettoyage, à la visite ou à la réparation des machines et du mécanisme en marche.* La même interdiction s'applique aux filles et femmes de plus de dix-huit ans (art. 1).

On ne peut employer des enfants et des femmes dans les ateliers où les parties dangereuses des machines actionnées mécaniquement ou à la main ne sont pas protégées (art. 2).

Les enfants au-dessous de seize ans ne peuvent être préposés au service des robinets à vapeur (art. 8). *Les enfants de moins de quatorze ans ne peuvent porter un poids supérieur à dix kilos, ceux de quatorze à dix-huit ans, plus de quinze kilos; les ouvrières au-dessous de seize ans, cinq kilos, et celles de seize à dix-huit ans, plus de dix kilos* (art. 11).

Ils ne peuvent traîner ou pousser, tant à l'intérieur qu'à l'extérieur des établissements, que des charges équivalentes dans les conditions que précise l'arrêté ministériel du 31 juillet 1894.

Les filles au-dessous de seize ans ne peuvent être occupées au travail des machines à coudre mues par des pédales (art. 12). Une amende de 5 à 15 francs est encourue pour chacune des contraventions ci-dessus.

Résumé.— *Ne pas employer les enfants, les filles et les femmes au graissage et au nettoyage des machines en marche; n'occuper aucun enfant dans les ateliers où les machines ne sont pas protégées; ne pas employer les enfants de moins de treize ans à la manutention de fardeaux supérieurs à dix ou seize kilos, selon leur âge — ne pas confier des machines à coudre à des enfants de moins de seize ans.*

Les enfants et filles ne peuvent porter sur la voie publique des fardeaux supérieurs aux charges indiquées, ci-dessus.

CHAPITRE III
Durée du travail. — Travail de nuit.
Repos hebdomadaire. — Affichages divers.

Ateliers occupant moins de vingt ouvriers sans moteur. — Durée du travail. — Tous les ateliers occupant des enfants de moins de dix-huit ans et des femmes, avec ou sans personnel masculin, de plus de dix-huit ans, sont soumis à la loi du 2 novembre 1892 modifiée par la loi du 30 mars 1900.

Dans tous ces ateliers, *la durée du travail ne peut dépasser dix heures et demie* (art. 1er de la loi du 30 mars 1900) pour tout le personnel jusqu'au 30 mars 1904; elle ne pourra dépasser *dix heures* après cette date. Une amende de 5 à 15 francs est encourue pour emploi de chaque personne dont le travail dépasserait les limites réglementaires.

L'entrée du personnel et la sortie doivent s'effectuer aux mêmes heures pour les enfants de moins de dix-huit ans et les femmes, et les repos doivent être pris en même temps (art. 15 de la loi du 30 mars 1900).

Les heures où commence et finit le travail, les heures et la durée des repos, *doivent être affichées dans chaque atelier.* Un double de cette affiche doit être *adressé à l'inspecteur départemental ou à l'inspectrice* et un autre doit être déposé à la mairie (art. 11 de la loi du 2 nov. 1892).

Une amende de 5 à 15 francs est encourue par tout employeur qui ne remplit pas l'une de ces trois formalités.

Le tableau ci-dessous peut être dressé à la main, mais des affiches-types ont été remises par les inspecteurs du travail, et les employeurs doivent les reproduire s'ils emploient des tableaux manuscrits afin de ne pas s'exposer à des mécomptes.

Nous donnons ci-après le type de ces tableaux.

1★

Atelier de M. ....

            Profession ....

  Rue ...., *à* ....

JOUR DU REPOS HEBDOMADAIRE LE | .... |

TABLEAU DES HEURES DE TRAVAIL

PENDANT LES AUTRES JOURS DE LA SEMAINE

LE TRAVAIL		REPOS								DURÉE Du travail effectif
		1er REPOS		2e REPOS		3e REPOS		4e REPOS		
Commence à	Finit à	Commence à	Finit à	Commence à	Finit à	Commence à	Finit à	Commence à	Finit à	

SIGNATURE DU CHEF DE L'ÉTABLISSEMENT :

A ...., *le* .... *190*........

Toutes les fois qu'une modification est apportée à ce tableau *on doit en donner connaissance à l'inspecteur ou à l'inspectrice du travail.* La loi impose l'obligation de déposer un duplicata de ce tableau à la mairie, *mais cette obligation n'est pas exigée dans la pratique.*

Une amende de 5 à 15 francs est encourue par ceux qui ne satisfont pas à ces obligations.

Travail de nuit (art. 4).

Il est interdit de faire travailler les enfants de moins de dix-huit ans et les femmes la nuit *entre neuf heures du soir et cinq heures du matin,* sauf dans le cas et en suivant les formes réglées par les décrets rendus pour l'application de la loi (décret du 15 juillet 1893 modifié). Tout employeur qui contrevient à ces dispositions encourt une amende de 5 à 15 francs par personne occupée.

L'inspecteur divisionnaire peut lever temporairement l'interdiction du travail de nuit pour cause de chômage résultant d'une interruption accidentelle et de force majeure.

Repos hebdomadaire.

On ne peut faire travailler plus de six jours par semaine.
Le jour choisi pour le repos hebdomadaire doit être déterminé
sur l'affiche qui fait connaître les heures du travail et des
repos.

Dans les ateliers annexés à des magasins ouverts le dimanche
où il est nécessaire d'occuper des ouvrières pour les retouches,
et où le dimanche a été désigné pour le repos hebdomadaire
on satisfait à la loi, *en choisissant pour le repos des personnes*
travaillant le dimanche, un autre jour de la semaine. Dans ce
cas, le nom de ces ouvrières et le jour de leur repos feront
l'objet d'une affiche spéciale. *Un duplicata en sera adressé à*
l'inspecteur.

Les employeurs *qui font travailler leur personnel ouvrier le*
jour choisi pour le repos hebdomadaire s'exposent à une
amende de 5 à 15 francs *pour toute personne trouvée au travail*
par les inspecteurs du travail ou les agents de la police judiciaire (art. 5 et 20 de la loi du 2 nov. 1892).

Il est interdit d'occuper des enfants de moins de dix-huit
ans, des filles mineures et des femmes, les jours de fête
reconnus par la loi (art. 5). Ces jours de fête sont : le 1ᵉʳ janvier, le 14 juillet, l'Ascension, l'Assomption, la Toussaint,
Noël, le lundi de Pâques, le lundi de la Pentecôte.

Le travail de rangement des ateliers est interdit aux enfants
et aux femmes le jour choisi pour le repos hebdomadaire et
les jours de fête reconnus par la loi. Tout employeur qui
occuperait ces personnes ces jours-là, même pour un temps
très limité, encourrait *une amende de 5 à 15 francs par per-*
sonne employée.

Résumé.— *La durée du travail dans les ateliers occupant*
des femmes ou des enfants ne peut dépasser dix heures et
demie comprises entre cinq heures du matin et neuf heures du
soir, et coupées par un repos d'une heure au moins, du 30 mars
1902 au 30 mars 1904.

Cette durée du travail sera réduite à dix heures après le
30 mars 1904.

Un tableau doit être affiché dans chaque atelier pour faire
connaître les heures du travail et celles des repos; un dupli-
cata de ce tableau doit être adressé à l'inspecteur ou à l'ins-
pectrice du travail.

On ne peut travailler que six jours par semaine, et le jour
choisi pour le repos doit être également déterminé par le
tableau qui règle l'emploi du temps.

On ne peut faire travailler le jour choisi pour le repos
hebdomadaire ni les jours de fête reconnus par la loi, qui
sont: le 1ᵉʳ janvier, le 14 juillet, l'Ascension, l'Assomption,

la Toussaint, la Noël, l: lundi de Pâques, le lundi de la Pentecôte.

Est considéré comme travail, et interdit, le jour choisi pour le repos hebdomadaire, *le rangement des ateliers. Toutes les fois qu'on modifie soit les heures du travail ou des repos, soit que l'on change le jour choisi pour le repos hebdomadaire, on doit placarder une nouvelle affiche dans l'atelier et en adresser le duplicata conforme à l'inspecteur départemental ou à l'inspectrice du travail.*

Le travail de nuit ne peut être exceptionnellement pratiqué qu'après autorisation de l'inspecteur divisionnaire.

CHAPITRE IV

Veillées.

Le législateur a reconnu qu'une réglementation limitative absolue sur la durée du travail serait préjudiciable à l'industrie; aussi a-t-il laissé le soin à un règlement d'administration publique (art. 4 et 7 de la loi du 2 nov. 1892) de déterminer *celles des industries qui pourraient « veiller »,* c'est-à-dire prolonger le travail jusqu'à *onze heures du soir, sans que, dans aucun cas la durée du travail* effectif *puisse dépasser douze heures par vingt-quatre heures.* Les enfants de moins de dix-huit ans ne sont pas admis au travail des veillées (art. 1er du décret du 15 juillet 1893 modifié).

Les industries qui *peuvent user de cette tolérance pendant soixante jours par an,* au choix des intéressés (art. 1er du décret du 15 juillet 1893 modifié), sont :

Broderie et passementerie pour confection;
Fabrication et confection de chapeaux de toute nature pour hommes, femmes et enfants;
Confection, couture et lingerie pour femmes et enfants;
Confections en fourrures.

Nota. — *La confection pour hommes est exclue.*

Pour user de la faculté de porter à douze heures la durée du travail, il suffit à l'employeur d'aviser l'inspecteur départemental ou l'inspectrice du travail, avant le commencement du travail exceptionnel, par une carte postale, une lettre, un télégramme (art. 6 du décret du 15 juillet 1893).

Tout employeur qui néglige cette formalité encourt une amende de 5 à 15 francs.

Une copie de l'avis doit être affichée dans un endroit apparent des ateliers.

Nous donnons ci-après le modèle d'avis à adresser à l'inspecteur et à l'inspectrice du travail toutes les fois qu'on est dans l'obligation de veiller.

Modèle d'Avis de veillée.

.... , le 190

Monsieur l'Inspecteur,

J'ai l'honneur de vous aviser que le *190*
le travail commencera à .... *heure du matin, finira à* .... *heure*
du soir; repos de .... *à* ....
Durée du travail effectif ....:. *heures.*
Veuillez agréer, Monsieur l'Inspecteur, mes salutations empressées.

ADRESSE DE L'INDUSTRIEL.

La durée du travail effectif ne pouvant être supérieure à douze heures, nous engageons fortement les employeurs à limiter leur travail *entre sept heures du matin et neuf heures du soir, et à le couper par deux heures de repos;* cette pratique permettrait aux ouvrières de travailler deux heures de moins à la lumière; le travail produit serait supérieur, celui du lendemain ne se ressentirait pas de la veillée; *avec une économie très appréciable serait réalisé un progrès social important.*

Résumé. — *Les ateliers de : broderie et passementerie pour confection; de fabrication et confection des chapeaux pour hommes, femmes et enfants; de confection de couture et de lingeries pour femmes et enfants; de confection en fourrures, peuvent seuls veiller pendant soixante jours, c'est-à-dire porter la durée du travail à douze heures.*

Un avis doit être adressé à l'inspecteur ou à l'inspectrice avant le commencement du travail toutes les fois que l'on use de ce droit. Une copie de l'avis doit être immédiatement affichée dans un endroit apparent des ateliers.

CHAPITRE V

Autorisations temporaires accordées
par l'Inspecteur divisionnaire.

Le législateur, prévoyant que les exceptions accordées pour les veillées pourraient être insuffisantes et qu'il serait parfois nécessaire aux industries ne possédant pas la faculté de travailler la nuit et aussi pour insuffisance des veillées soit de porter à douze heures la durée du travail, soit de travailler le jour choisi pour le repos hebdomadaire, a donné pouvoir à l'inspecteur divisionnaire du travail de lever l'obligation du repos hebdomadaire et les restrictions relatives à la durée du travail pour le personnel de certaines industries (art. 5 du décret du 15 juillet 1893 modifié), parmi lesquelles les industries suivantes :

Broderie et passementerie pour confection;

Fabrication et confection de chapeaux en toutes matières pour hommes et femmes;

Confections, coutures et lingeries pour femmes et enfants;

Confections en fourrures;

(Ces industries possèdent déjà la faculté du travail de nuit, de neuf heures à onze heures du soir, pendant soixante jours);

Blanchisseries de linge fin;

Confection de corsets;

Confections pour hommes;

Fleurs et plumes.

L'inspecteur divisionnaire n'accorde les autorisations temporaires que lorsqu'elles lui paraissent justifiées; une rétribution élevée des heures supplémentaires peut, à certains égards, servir de critérium et être considérée comme un signe que les travaux à exécuter présentent un véritable caractère d'urgence. Les travailleurs qui ont été assujettis à faire douze heures pendant la semaine ont un droit absolu à jouir du repos hebdomadaire.

La durée du travail ne peut être autorisée à douze heures par l'inspecteur divisionnaire pour un même établissement que pendant soixante jours au maximum, et le travail de jour fixé pour le repos hebdomadaire ne peut être accordé que quinze fois par an.

Ce n'est donc qu'au cas d'urgence absolue que cette autorisation est accordée.

Le refus de l'inspecteur divisionnaire n'a pas à être justifié, il est sans appel.

Tout employeur qui, sans l'autorisation de l'inspecteur divisionnaire, prolongerait la durée du travail au delà des limites légales, encourrait une amende de 5 à 15 francs par personne employée (contravention à l'art. 3 de la loi du 2 nov. 1892, art. 1er loi du 30 mars 1900); il encourrait la même peine pour chaque personne occupée le jour choisi pour le repos hebdomadaire.

Tout employeur usant d'une autorisation accordée par l'inspecteur divisionnaire doit afficher dans un endroit apparent des ateliers une copie de cette autorisation (art. 5 décret du 15 juillet 1893 modifié).

Nous donnons ci-après un modèle de demande à adresser à l'inspecteur divisionnaire pour obtenir l'autorisation de porter à douze heures la durée du travail journalier ou l'autorisation de travailler le jour du repos hebdomadaire.

Timbre-Adresse
de la Maison.

Modèle n° 1.

Demande pour travailler le jour du repos hebdomadaire.

..................., le 190

Monsieur l'Inspecteur divisionnaire,

J'ai l'honneur de solliciter, pour faire face à ....

l'autorisation d'employer mon personnel le jour fixé pour le repos hebdomadaire de mes ateliers.

Le 190

le travail commencerait à .... heure du matin, finirait à .... heure du soir; repos de .... à ....

Durée du travail effectif .... heures

Le personnel autorisé à travailler comprendrait :

.... enfants de moins de 18 ans, dont .... garçons.

.... ouvrières et .... ouvriers de plus de 18 ans.

Veuillez agréer, Monsieur l'Inspecteur divisionnaire, mes salutations empressées.

ADRESSE DE L'INDUSTRIEL.

Modèle n° 2.

Demande de prolonger la durée du travail journalier.

.... le 190

Monsieur l'Inspecteur divisionnaire,

J'ai l'honneur de solliciter, pour faire face à ....

l'autorisation de faire travailler mon personnel pendant 12 heures.

Du .... au 190

le travail commencerait à .... heure du matin, finirait à .... heure du soir; repos de .... à ....

Durée du travail effectif .... heures.

Le personnel autorisé à travailler comprendrait :

.... enfants de moins de 18 ans, dont .... garçons.

.... ouvrières et .... ouvriers de plus de 18 ans.

Veuillez agréer, Monsieur l'Inspecteur divisionnaire, mes salutations empressées.

Résumé.— *Lorsqu'on a épuisé les soixante jours accordés par l'article 1er du décret du 15 juillet 1893 modifié, on peut obtenir de l'inspecteur divisionnaire, pour des cas justifiés, l'autorisation de porter à douze heures la durée du travail ou de travailler le jour choisi pour le repos hebdomadaire. Les industries énumérées à l'article 5 du décret précité peuvent seules obtenir ces autorisations.*

Une rétribution élevée des heures supplémentaires sert de critérium et est considérée comme le seul signe de véritable urgence.

La demande à l'inspecteur divisionnaire peut être faite selon le modèle-type n° 2 que nous avons indiqué; elle doit fournir tous les renseignements indiqués, faute de quoi il peut ne pas en être tenu compte.

Une copie des autorisations accordées par l'inspecteur divisionnaire du travail doit être affichée dans un endroit apparent de chaque atelier.

Les autorisations ne peuvent viser plus de soixante jours par an en ce qui concerne la durée du travail journalier (modèle n° 2) et quinze jours pour le travail le jour choisi pour le repos hebdomadaire (modèle n° 1).

Ce n'est donc qu'au cas d'urgence absolue que ces autorisations doivent être demandées et accordées.

Le refus de l'inspecteur divisionnaire n'a pas à être justifié, et il est sans appel.

CHAPITRE VI

Livrets. — Registre d'inscription.
Affichages divers.

Livrets. — *Les livrets des enfants et les certificats d'aptitude physique doivent être conservés par les patrons pour être représentés aux inspecteurs du travail* (art. 20). Les chefs d'industrie, ou leurs préposés, doivent inscrire sur le livret la date de la rentrée et celle de la sortie *(amende de 5 à 15 francs par livret).*

Les livrets sont rendus aux titulaires : 1° lorsqu'ils quittent l'établissement avant l'âge de dix-huit ans révolus; 2° lorsque les titulaires ont atteint l'âge de dix-huit ans, même s'ils ne quittent pas l'établissement.

Si des enfants quittent l'établissement sans avoir repris leur livret, *ce dernier doit être déposé à la mairie,* à la disposition des titulaires. On ne doit présenter aux inspecteurs que les livrets des enfants occupés dans l'établissement ou atelier. (Ces dispositions se rapportent également aux enfants de nationalité étrangère.)

Registre d'inscription. — Les patrons doivent tenir un registre sur lequel sont inscrits, dans leur ordre de rentrée, tous les enfants de moins de dix-huit ans occupés dans l'établissement.

Les inspecteurs du travail ont distribué gratuitement un premier registre d'inscription pour servir de type. Ce registre ne sera pas remplacé.

Un simple cahier peut d'ailleurs remplacer ce registre s'il reproduit les renseignements fixés par l'article 10 de la loi du 2 novmbre 1892, c'est-à-dire toutes les indications des livrets. *(Voir ci-après le modèle.)*

Modèle de Registre d'inscription.

NOM ET PRÉNOMS DES ENFANTS jusqu'à 16 ans.	DATE de la NAISSANCE	LIEU de la NAISSANCE	DOMICILE	DATE de L'ENTRÉE chez l'industriel	DATE de la SORTIE	DISPOSITIONS ET PRESCRIPTIONS ordonnées par l'inspecteur du travail pour l'application des lois des 2 novembre 1892 et 12 juin 1893. DATES DES VISITES ET SIGNATURES

Les filles, les femmes et les hommes âgés de plus de dix-huit ans ne doivent pas figurer sur les registres d'inscription; *les sorties doivent y être inscrites lorsqu'elles se produisent, ou à la date du dix-huitième anniversaire de la naissance si les titulaires continuent à être occupés dans l'établissement.*

Tout employeur encourt une *amende de 5 à 15 francs pour chaque enfant de moins de dix-huit ans occupé au travail dont l'inscription serait omise sur ce registre.*

Le *registre d'inscription* doit être tenu à la disposition des inspecteurs; *on ne doit pas l'enfermer dans des tiroirs ou dans des armoires où le patron peut seul le prendre; il faut le suspendre dans le bureau ou dans l'atelier,* afin qu'en l'absence du patron, un ouvrier quelconque puisse le représenter à l'inspecteur et éviter ainsi d'encourir une *amende de 100 à 500 francs pour obstacle à l'accomplissement des devoirs d'un inspecteur* (art. 12 de la loi du 12 juin 1893; lettres ministérielles du 27 août 1900, ou art. 29 de la loi du 2 nov. 1892).

L'inspecteur n'est tenu ni de croire que ce registre existe ni que ce n'est pas volontairement qu'il n'est pas représenté; en réalité, quelle que soit la raison de la *non-représentation du registre, les inspecteurs sont mis dans l'impossibilité de remplir leur mission puisqu'ils ne peuvent consigner sur le registre les observations ou mises en demeure que leur visite a pu suggérer.*

AFFICHAGES DIVERS. — *La loi* du 2 novembre 1892 *doit être affichée dans chaque atelier* ainsi que les règlements du 13 mai 1893, du 15 juillet 1893 modifié, rendus pour son exécution. *Les affiches doivent être placées, dans les ateliers, de telle sorte qu'elles puissent être facilement lues par les ouvriers.*

Le patron doit se procurer les affiches nécessaires. Un type d'affiches a été distribué gratuitement par le service de l'inspection; ces affiches ne seront pas remplacées.

Les noms et adresses de l'inspecteur divisionnaire et de l'inspecteur départemental ou de l'inspectrice doivent être également affichés dans chaque atelier, ainsi que le jour choisi pour le repos hebdomadaire. Nous avons vu que les heures de travail, l'avis de prolongation de la durée du travail et les autorisations accordées par l'inspecteur divisionnaire doivent être également affichés dans chaque atelier.

A la suite du peu de soin apporté à la conservation des affiches distribuées par le service de l'inspection du travail, cette distribution a pour ainsi dire cessé.

On doit également afficher, dans chaque atelier, la loi du 9 avril 1898 sur les accidents du travail et les règlements d'administration publique rendus pour son exécution.

Dans les magasins, boutiques ou autres locaux en dépendant où un personnel féminin offre les produits à la vente ou les manutentionne, *on doit afficher la loi du 29 décembre 1900*

fixant les conditions des femmes employées (loi des sièges).
*Doivent être également affichés, dans les magasins, les noms
et adresses de l'inspecteur divisionnaire et de l'inspecteur départemental.*

Une amende de 5 à 15 francs est encourue pour chaque
contravention constatée.

Les magasins tenant lieu d'ateliers où les ouvrières servent
la clientèle et sont occupées à un travail manuel sont soumis
du fait du travail des commises à la loi du 2 novembre 1892;
l'affichage est le même que dans les autres ateliers.

L'affichage est également rendu obligatoire dans les appartements privés des patrons, *si ces appartements servent de lieu
de travail.*

Résumé. — *Les livrets et les certificats d'aptitude physique
des enfants occupés dans l'établissement ou l'atelier doivent
êre conservés par les patrons. Ces livrets sont rendus aux
titulaires :*

*1° Lorsqu'ils quittent l'établissement, et après que le patron
y a inscrit la date de la sortie;*

*2° Lorsqu'ayant atteint l'âge de dix-huit ans, les titulaires ne
quittent pas l'atelier.*

*Les patrons doivent déposer à la mairie les livrets des en-
fants qui ont quitté l'établissement sans réclamer cette pièce.*

REGISTRE D'INSCRIPTION. — *Un registre d'inscription sur
lequel sont inscrits les enfants des deux sexes âgés de moins
de dix-huit ans doit être tenu constamment à jour par les patrons.*

*Le registre d'inscription doit donner les noms et prénoms,
la date de la naissance, le lieu de la naissance, le domicile, la
date de l'entrée chez l'industriel, la date de la sortie.*

*Le registre doit être conservé avec soin, ne pas être enfermé
dans un tiroir ou dans une armoire; il doit de préférence être
suspendu dans le bureau ou l'atelier où l'inspecteur peut le
prendre lui-même.*

On doit afficher dans chaque atelier :

*1° La loi du 2 novembre 1892 et les règlements d'administra-
tration publique rendus pour son exécution; les décrets du
13 mai 1893 et du 15 juillet 1893 modifié;*

*2° Les heures où commence et finit le travail, les heures et
la durée des repos;*

3° Le jour choisi pour le repos hebdomadaire;

4° Les avis de veillée si on use de cette dérogation;

*5° Les copies des autorisations accordées par l'inspecteur
divisionnaire;*

*6° Les noms et adresses de l'inspecteur divisionnaire et de
l'inspecteur départemental ou l'inspectrice du travail.*

Dans les « usines » et « manufactures », on doit afficher, en outre, la loi du 9 avril 1898 sur les accidents du travail, et les décrets rendus pour son exécution.

Dans les « magasins, boutiques et dépendances » à personnel féminin on doit afficher la loi du 29 décembre 1900 sur les sièges.

Sont considérés comme sièges : les chaises, les strapontins, les tabourets et les bancs exclusivement destinés au personnel, I! faut un siège par personne protégée.

Bonnes mœurs. — *Les patrons doivent veiller au maintien des bonnes mœurs et à l'observation de la décence publique (art. 16, loi du 2 nov. 1899).*

CHAPITRE VII

Hygiène des ateliers.
(Loi du 12 juin 1893.)

Les emplacements affectés au travail doivent être tenus dans *un état constant de propreté* (art. 1er du décret du 10 mars 1894). *Le sol sera nettoyé au moins une fois par jour* avant l'ouverture ou après la clôture du travail, *mais jamais pendant le travail;* le nettoyage sera fait selon la nature du sol, soit par un lavage, soit à l'aide d'une brosse ou de linges humides.

Les enduits et les plafonds seront l'objet de fréquents nettoyages; les enduits seront refaits toutes les fois qu'il sera nécessaire.

L'atmosphère des ateliers et de tous les locaux affectés au travail *sera tenu constamment à l'abri de toute source d'infection* (art. 3 du décret du 10 mars 1894).

Les locaux affectés au travail ne doivent jamais être encombrés. *Ils doivent être largement aérés; le cube d'air par ouvrier ne peut être inférieur à 6 mètres cubes.* Ces locaux, leurs dépendances et notamment les passages et escaliers doivent être convenablement *éclairés et chauffés* (art. 5 du décret du 10 mars 1894).

Les gaz provenant des fourneaux, *les vapeurs* provenant des repassages des étoffes *doivent être évacués au fur et à mesure de leur production* à l'aide de hottes ou de cheminées d'appel, ou par tout autre moyen d'élimination efficace.

L'air des ateliers doit être renouvelé de façon à rester dans l'état de pureté nécessaire à la santé des ouvriers.

Les ouvriers ne doivent pas prendre leur repas dans les ateliers ni dans le local affecté au travail. *Des réfectoires doivent être installés pour les ouvriers qui ne peuvent se rendre à leur domicile pour y prendre leur repas.*

Des vestiaires avec lavabos doivent être mis à la disposition des ouvriers, ainsi que de *l'eau de bonne qualité pour la boisson* (art. 8 du décret du 10 mars 1884).

La loi ne prescrit *ni la désinfection* ni la *désodorisation des cabinets d'aisances;* cependant ce sont là des mesures hygiéniques des plus efficaces que nous engageons vivement les industriels à pratiquer, tant dans l'intérêt de leur personnel que dans celui de leur famille, obligés à vivre au milieu de l'infection que causent le plus habituellement *les cabinets d'aisances.*

Le désinfectant le plus énergique et le moins cher est le *sublimé;* un ou deux grammes de bichlorure de mercure par litre d'eau bouillante additionné de fortes doses de sel marin, à cause de la présence de l'albumine dans les matières excrémentielles; puis viennent:l'*acide sulfurique* qui joint à un bas prix l'avantage de ne pas répandre l'odeur de l'acide phénique; le *Crézil Jeyes,* employé par les compagnies de vidanges de la ville de Bordeaux. Le Crézil est insoluble dans l'eau, mais s'y émulsionne instantanément. Une émulsion à 3 % détruit immédiatement la bactérie charbonneuse sans spores, le microbe du choléra des poules, de la morve, de la tuberculose. De plus, c'est un excellent désodorisant.

Le lait de chaux peut remplir le même but.

La désodorisation des fosses d'aisances, pour cent personnes, coûte, par jour :

Avec le sulfure de fer au 1/10 . . . . .F. 0 25
Avec l'huile lourde de houille. 0 05
Avec le Crézil (émulsion 2 ou 3 %) 0 11
Avec le gaz d'éclairage à 0,30 le mètre cube. 0 0021
Avec le lait de chaux 0 004

En opérant la *désinfection* et la *désodorisation* des cabinets d'aisances, les *industriels ne feront que devancer les prescriptions réglementaires,* ces mesures, préconisées par M. le Dr Rochard, membre du Comité consultatif d'hygiène de France, deviendront certainement réglementaires, car elles peuvent être appliquées à tous les systèmes en usage, tandis que les prescriptions actuelles se trouvent impraticables pour les cabinets déversant dans des fosses étanches.

Résumé.— *Les locaux destinés au travail doivent être nettoyés au moins une fois par jour; les enduits et les plafonds seront l'objet de fréquents nettoyages. L'atmosphère des ateliers doit être tenu à l'abri de toute source d'infection.*

Le cube d'air doit être au minimum de 6 mètres cubes par personne. Les locaux doivent être largement aérés, convenablement chauffés et éclairés; les gaz, les buées doivent être enlevés au fur et à mesure de leur production. L'air des ateliers doit être renouvelé pendant les repas, et les locaux évacués. Les ouvriers ne peuvent prendre leurs repas dans les ateliers; des réfectoires, des vestiaires avec lavabos et de l'eau potable doivent être mis à leur disposition; les cabinets d'aisances nettoyés journellement, désinfectés et désodorisés.

La loi ne prescrit pas la désodorisation ni la désinfection dès cabinets d'aisances, cependant ce sont-là des mesures hygiéniques de premier ordre que nous engageons vivement à appliquer.

Les cabinets d'aisances ne doivent pas communiquer directement avec les locaux fermés affectés au travail, ils doivent être éclairés, abondamment pourvus d'eau, munis de cuvettes à inflexion syphoïde du tuyau de chute. Le sol des parois doit être en matériaux imperméables et les peintures d'un ton clair.

Il y aura au moins un cabinet pour cinquante personnes et des urinoirs en nombre suffisant.

Aucun puits absorbant ne peut être établi qu'avec l'autorisation de l'administration supérieure et dans les conditions qu'elle aura prescrites (art. 4 du décret du 10 mars 1894).

CHAPITRE VIII

Sécurité.

(Loi du 12 juin 1893.)

Dans les industries du vêtement on emploie peu de moteurs et peu de machines-outils; cependant il existe des usines qui emploient soit des scies à rubans, soit toute autre machine-outil pour découper les tissus; *les parties mobiles et dangereuses de ces machines doivent être protégées, les courroies, les engrenages, les poulies, doivent être également isolées afin que les ouvriers ne puissent être blessés* (loi du 12 juin 1893). *Les enfants de moins de dix-huit ans et les femmes ne doivent être occupés dans ces établissements que s'ils présentent les conditions de sécurité imposées pour tous les travailleurs* (art. 2 du décret du 13 mai 1893). Les escaliers doivent être solides et *munis de fortes rampes; le nombre des escaliers doit être calculé* de manière que l'*évacuation* de tous les étages d'un corps de bâtiment contenant des ateliers *puisse se faire immédiatement.* La construction d'un escalier incombustible peut, si la sécurité l'exige, être prescrite par une décision du ministre du Commerce, après avis du Comité consultatif des arts et manufactures. Les sorties des ateliers sur les cours, vestibules, escaliers et autres dépendances intérieures *doivent être munies de portes s'ouvrant du dedans en dehors. Ces* sorties doivent être assez nombreuses pour assurer l'évacuation rapide de l'atelier; *elles doivent être toujours libres et ne jamais être encombrées de marchandises,* de matières en dépôts ou d'objets quelconques (art. 16 du décret du 10 mars 1894).

Les récipients pour l'*huile* ou le *pétrole* servant à l'éclairage *doivent être placés dans des locaux séparés et jamais au voisinage des escaliers* (art. 16 du même décret).

Les monte-charges, ascenseurs, élévateurs doivent être guidés et disposés de manière que la *voie de la cage* du monte-charge et des contre-poids *soit fermée,* que *la fermeture* du puits à l'entrée des divers étages ou galeries *s'effectue automatiquement;* que rien ne puisse tomber du monte-charge dans le puits.

La charge des ascenseurs destinés à transporter le personnel doit être calculée au tiers de la charge admise pour le transport des marchandises, et *les monte-charges devront être pourvus de freins, chapeaux, parachutes ou autres appareils de préservation* (art. 11 du décret du 10 mars 1894).

Les *machines-dynamos* doivent être isolées électriquement, c'est-à-dire disposées sur des planchers isolés ou des tapis spéciaux isolants pour permettre que les ouvriers puissent s'en approcher en toute sécurité.

A l'intérieur des ateliers, les conducteurs nus destinés à des pièces de courant, sur leur parcours, doivent être écartés des murs, hors de la portée de la main et convenablement isolés. Les autres conducteurs doivent être recouverts par des enveloppes isolantes en bois ou en caoutchouc.

Toutes les précautions doivent être prises pour empêcher l'échauffement des conducteurs par des coupe-circuits ou autres dispositifs. L'échauffement des conducteurs peut provoquer des incendies qui sont évités par les coupe-circuits automatiques, sortes de lames fusibles qui, en fondant, interceptent la communication et évitent les dangers d'incendie (art. 17 du décret du 10 mars 1894).

Les ouvriers et ouvrières, conducteurs de machines ou placés près d'elles doivent porter des vêtements ajustés et non flottants.

CHAPITRE IX

Inspecteurs du travail.

Les *inspecteurs et inspectrices du travail ont entrée dans tous les ateliers et leurs dépendances, dans les magasins et boutiques et leurs dépendances; ils ont également entrée dans les appartements privés des employeurs lorsque ces appartements sont affectés au travail industriel; ils peuvent se faire représenter le registre d'inscription, les livrets, les règlements antérieurs et, s'il y a lieu, les certificats d'aptitude physique.*

Les contraventions sont constatées par *leurs procès-verbaux,* qui *font foi jusqu'à preuve contraire.* Ils prescrivent toutes les mesures de sécurité énumérées par les divers articles du décret du 10 mars 1894 par *des mises en demeure, datées et signées, inscrites sur le registre d'inscriptions,* fixant un délai d'exécution (art. 6 de la loi du 12 juin 1893).

Ils sont avisés par les maires des accidents du travail et sont chargés des enquêtes administratives ayant pour but de rechercher s'il y a eu ou non contravention aux lois sur le travail.

L'article 21 de la loi du 2 novembre 1892 confie aux inspecteurs du travail le soin d'établir la statistique des conditions du travail. Un rapport d'ensemble résumant ces communications doit être publié tous les ans par les soins du ministre du Commerce et de l'Industrie. *L'article 10 de la loi du 12 juin 1893 confère aux inspecteurs le droit de propositions relatives aux prescriptions nouvelles qui seraient de nature à mieux assurer la sécurité du travail.* Ils sont membres de droit des Commissions départementales du travail (art. 24 de la loi du 2 nov. 1892). *Les industriels sont, par suite, dans l'obligation de fournir aux inspecteurs du travail tous les renseignements qu'ils peuvent avoir à demander sur les conditions du travail* des diverses industries de la région soumise à leur surveillance; *ils ont d'ailleurs intérêt à les éclairer sur les conséquences industrielles de la réglementation.* Par la création d'un corps d'inspecteurs fortement organisé, le législateur a voulu éviter aux industriels tout ce qui pourrait avoir l'apparence d'un procédé vexatoire; *les inspecteurs doivent, par suite, exercer leur fonction avec prudence et modération en même temps qu'avec exactitude et fermeté; la haute mission qui leur est confiée exige qu'ils agissent dans la plénitude de leurs droits, et qu'ils ne puissent oublier qu'en portant la vérité au ministre du Commerce, ils sont les initiateurs de progrès nouveaux.*

Les pouvoirs des inspecteurs sont de deux sortes : les uns consistent dans le *droit de surveiller et de prescrire,* ils sont préventifs; les autres dans le *droit de constater les infractions,* ils sont répressifs.

A la première catégorie se rattachent : leur droit de visiter les établissements; celui d'accorder les autorisations temporaires sur la durée du travail et le jour du repos hebdomadaire; les mises en demeure pour l'application du décret du 10 mars 1894 sur l'hygiène et la sécurité des ateliers; celui de lever l'interdiction du travail de nuit en cas de chômage ou de force majeure; celui de viser les règlements dans certains établissements; l'étude des conditions du travail et des modifications à apporter à la réglementation, etc.

A la seconde se rattache le droit de dresser des procès-verbaux qui font foi jusqu'à preuve contraire; ces procès-verbaux ne doivent pas être soumis au contrôle habituel des agents de la police judiciaire.

Les inspecteurs prêtent le serment de ne point révéler les secrets de fabrication et, en général, les procédés d'exploitation dont ils pourraient prendre connaissance dans l'exercice de leurs fonctions.

Les industriels ne peuvent, sous aucun prétexte, s'opposer

aux visites des inspecteurs et inspectrices ni leur refuser com-
munication des documents dont ils ont besoin pour être exacte-
ment renseignés (instruction ministérielle du 19 décembre 1892).
Quiconque mettrait obstacle à l'accomplissement des devoirs
d'un inspecteur divisionnaire ou départemental du travail, en-
courrait une amende de 100 à 500 francs. En cas de récidive,
l'amende serait portée de 500 à 1,000 francs.

Les industriels, au cas de procès-verbal, peuvent recourir à
l'inspecteur divisionnaire, qui a seul qualité pour transmettre
les procès-verbaux au Parquet, et juge pour ainsi dire en premier ressort. Un procès-verbal transmis au Parquet ne peut
être classé par le procureur général qu'après avoir été soumis
au ministre de la Justice (circulaire de M. le garde des Sceaux
du 5 juin 1900).

CHAPITRE X

Accidents du Travail.

(Déclaration. — Certificat médical. — Procédure et divers.)

(Loi du 9 avril 1898.)

Les accidents du travail qui surviennent au personnel des
deux sexes et de tout âge, dans les usines, manufactures,
ateliers des industries du vêtement, ayant occasionné ou plutôt
susceptibles d'occasionner une incapacité de travail, *sont sou-*
mis à la déclaration, soit par l'article 15 de la loi du 2 no-
vembre 1892, soit par l'article 11 de la loi du 12 juin 1893, soit
encore par l'article 11 de la loi du 9 avril 1898 modifiée dans
certaines de ses dispositions par celle du 22 mars 1902.

Cette déclaration doit être faite à la mairie, dans les quarante-
huit heures par le chef d'entreprise ou ses préposés, et indiquer
les nom, qualité et adresse de celui-ci, le lieu précis, l'heure
et la nature de l'accident, les circonstances dans lesquelles il
s'est produit, la nature des blessures, les noms et adresses des
témoins.

Le *certificat médical, qui doit être déposé à l'appui,* indiquera
l'état de la victime, les suites probables de l'accident et l'époque
à laquelle il sera possible d'en connaître le résultat définitif.

Les accidents tombant sous le coup de la loi du 9 avril 1898,
modifiée par celle du 22 mars 1902, *doivent être déclarés dans*
les quarante-huit heures, non compris les dimanches et jours
fériés, et la déclaration doit contenir toutes les indications
prescrites par l'article 11 de la loi du 22 mars.

Dans les quatre jours qui suivent l'accident, si la victime n'a
pas repris son travail, *le chef d'entreprise doit déposer à la*
mairie un certificat médical contenant toutes les indications
sus-énoncées.

Le nouvel article 11 maintient le délai de quarante-huit heures pour la déclaration d'accident, quelle qu'en soit la gravité. Mais ce délai est maintenant prorogé à raison des fêtes légales ou des jours fériés qui peuvent le traverser.

Le délai continue à courir d'heure à heure à partir du moment de l'accident : s'il y a un ou plusieurs jours fériés dans l'intervalle, *ce délai est augmenté d'autant de vingt-quatre heures.*

D'autre part, la production du certificat médical n'est plus exigée au moment de la déclaration. Le législateur a voulu ainsi rendre la formalité de la déclaration plus simple et plus rapide, en même temps qu'éviter aux exploitants, pour les accidents n'ayant aucune suite grave, la perte de temps et les frais que peut impliquer la production du certificat médical.

Le chef d'entreprise a dès lors deux obligations nettement distinctes : 1° *pour toutes les victimes, quelle que soit la durée de l'incapacité de travail résultant de l'accident,* déclaration à la mairie dans les quarante-huit heures: 2° pour celles de ces victimes qui n'ont pas repris leur travail dans les quatre jours *destiné à compléter les indications contenues dans la déclara-* de l'accident, production à la mairie d'un certificat médical *tion initiale.* C'est donc au plus tard le quatrième jour à compter de l'accident qu'il y a lieu de se préoccuper de l'établissement du certificat médical pour que ce certificat puisse être déposé ledit jour à la mairie. Rien ne s'oppose d'ailleurs à ce que le certificat médical soit dès l'abord joint à la déclaration; mais, dans ce cas, la déclaration n'en doit pas moins être produite dans les quarante-huit heures de l'accident.

Il est à remarquer, au surplus, que la défalcation des dimanches et jours fériés, applicable au délai de quarante-huit heures pour la remise de la déclaration, n'est point applicable au délai de quatre jours pour la production du certificat médical.

En ce qui concerne la déclaration facultative de la victime ou de ses représentants, le législateur de 1898 n'avait pas assigné de délai à cette déclaration, et une circulaire ministérielle du 21 août 1899 en avait conclu qu'elle ne pouvait être assujettie au délai fixé pour la déclaration obligatoire du patron.

La loi nouvelle consacre ce principe, en fixant toutefois, dans ce cas, un délai d'une année à compter de l'accident.

Le certificat médical constituait toujours, jusqu'ici, le complément immédiat de la déclaration. Le législateur a voulu dispenser le chef d'entreprise de cette formalité, assez coûteuse, pour les menus accidents qui, le plus souvent, ne nécessitent pas l'appel d'un médecin et, en tout cas, d'après le texte actuel de la loi, ne donnent à la victime aucun droit à indemnité.

Le certificat médical à produire quand la victime n'a pas repris son travail dans les quatre jours qui suivent l'accident doit indiquer, comme précédemment, l'état de la victime, les suites probables de l'accident et l'époque à laquelle il sera possible d'en connaître le résultat définitif.

Les chefs d'entreprise ne doivent pas perdre de vue qu'ils sont responsables de la régularité des certificats médicaux exigibles à l'appui de leurs déclarations, et qu'ils n'échappent pas aux sanctions de l'article 14 (amende de 1 à 15 francs) lorsque ces certificats ne répondent pas aux prescriptions du troisième alinéa de l'article 11.

Rien ne saurait décharger le chef d'entreprise de la production du certificat médical régulier, et, au cas exceptionnel où il ne pourrait l'obtenir du médecin de son choix, il aurait à s'adresser à la justice pour se mettre en règle avec la loi. Dans un avis du 7 février 1900, le Comité consultatif des assurances contre les accidents du travail estime, en effet, qu'en cas de refus du certificat médical par les médecins voisins du théâtre de l'accident, le chef d'entreprise doit demander au juge de paix désignation d'un médecin par justice pour l'établissement du certificat légal. »

Le défaut de déclaration ou le retard dans la production des pièces à la mairie entraînent pour les chefs d'industrie et d'entreprise et les patrons une amende de 1 à 15 francs. En cas de récidive dans l'année, l'amende peut être élevée de 16 à 300 francs (art. 14).

Nous donnons ci-dessous deux modèles pour le certificat médical, un modèle de déclaration d'accident et du dépôt du certificat médical.

CERTIFICAT MÉDICAL

Loi du 2 novembre 1892 (art. 15), loi du 12 juin 1893 (art. 11), loi du 9 avril 1898 (art. 11) et du 22 mars 1902.

QUESTIONS	RÉPONSES
Nom, prénoms et âge de la victime?	
Domicile de la victime ?	
Occupation professionnelle ?	
Comment l'accident a-t-il eu lieu, quelle en est la cause, quelles en sont les conséquences actuelles ?	
Quelles sont les suites probables de l'accident ?	
Époque à laquelle il sera possible d'en connaître le résultat définitif ?	

Le présent certificat a été délivré par le médecin soussigné, sur la demande de M. .... , pour servir et valoir ce que de droit conformément à la loi.

.... , le 19

ACCIDENTS DU TRAVAIL

(Loi du 9 avril 1898 et du 22 mars 1902.)

CERTIFICAT MÉDICAL

(Art. 11 de ces lois.)

Je, soussigné, docteur en médecine, certifie que M ....

a été atteint de ....

Suites probables de l'accident : ....

Époque à laquelle il sera possible d'en connaître le résultat définitif :

BORDEAUX, *le* *19*

MODÈLE I

DÉCLARATION D'ACCIDENT DU TRAVAIL [a]

(Art. 11 de la loi du 9 avril 1898 et art. 11 de la loi du 22 mars 1902.)

1. Indiquer les nom, prénoms, profession et adresse, soit du chef d'entreprise, s'il fait la déclaration lui-même, soit de son préposé, en mentionnant son emploi dans l'entreprise, soit des représentants de la victime, en mentionnant à quel titre ils la représentent (père, mère, conjoint, enfant, mandataire, etc.). Si la déclaration est faite par la victime elle-même, indiquer ici les renseignements prévus ci-après sous le n° 3.

2. Indiquer la nature de l'établissement et son adresse, ainsi que le lieu précis où l'accident s'est produit.

3. Indiquer les nom, prénoms, âge, sexe, profession et adresse de la victime.

4. Spécifier l'engin, le travail, le fait qui a occasionné l'accident.

5. Préciser la nature des blessures : fracture de la jambe, contusions, lésions internes, asphyxie, etc. Spécifier s'il y a eu décès.

6. Indiquer les noms, professions et adresses.

7. Titre et siège du syndicat de garantie, de la société mutuelle ou de la compagnie à primes fixes qui assure le chef d'entreprise. S'il n'y a pas d'assureur, le déclarer expressément.

Le soussigné [1], ...

déclare à M. le maire de la commune d ....

canton d ....

arrondissement d ....

département d ....

conformément à l'article 11 de la loi du 9 avril 1898, modifié par la loi du 22 mars 1902, qu'un accident ayant occasionné une incapacité de travail est survenu le ....

à .... heure....................................

dans [2] ....

à [3] ....

L'accident a été occasionné par la cause matérielle [4] ci-après, dans les circonstances suivantes :

L'accident a produit les blessures suivantes [5] :

Les témoins de l'accident sont [6] :

Je déclare être assuré contre les accidents du travail par la société ci-après [7] :

Fait à ...., le .... 19......

(Signature du déclarant.)

a. Cette déclaration doit être remise à la mairie par le chef d'entreprise ou son préposé dans les quarante-huit heures de l'accident, non compris les dimanches et jours fériés. Dans les quatre jours qui suivent l'accident, si la victime n'a pas repris son travail, le chef d'entreprise ou son préposé doit, en outre, déposer un certificat de médecin indiquant l'état de la victime, les suites probables de l'accident et l'époque à laquelle il sera possible d'en connaître le résultat définitif. (Modèle IV.)

Si la déclaration est faite par la victime ou ses ayants droit, le certificat médical doit être joint à la déclaration.

RÉPUBLIQUE FRANÇAISE

DÉPOT DE CERTIFICAT MÉDICAL

(Art. 11 de la loi du 9 avril 1898, modifié par la loi du 22 mars 1902.)

1. Indiquer les nom, prénoms, profession et adresse, soit du chef d'entreprise, s'il fait la déclaration lui-même, soit de son préposé, en mentionnant son emploi dans l'entreprise.

2. Indiquer les nom, prénoms, âge, sexe, profession et adresse de la victime.

3. Nom et adresse.

Le soussigné [1], ... remet à M. le maire de la commune d .... canton d .... , arrondissement d .... département d .... pour être joint à la déclaration faite le .... de l'accident survenu le .... à [2] .... un certificat du docteur [3] .... indiquant l'état de la victime, les suites probables de l'accident et l'époque à laquelle il sera possible d'en connaître le résultat définitif.

Fait à ...., le .... 19.....

(Signature du déposant.)

Les indemnités fixées par la loi du 9 avril 1898 sont à la charge de l'entreprise; il résulte de cette prescription que l'industriel qui retient le tout ou partie de la prime d'assurance à l'ouvrier devient lui-même assureur pour une indemnité indépendante de celle fixée par la loi du 9 avril 1898 au profit de l'ouvrier qui a subi cette retenue.

Le chef d'entreprise supporte les frais médicaux et pharmaceutiques et les frais funéraires (art. 4), ces derniers jusqu'à concurrence de 100 francs au maximum.

L'action en indemnité (art. 18) se prescrit par un an à dater du jour de l'accident, c'est-à-dire que, passé ce délai, le blessé n'est plus en droit de formuler une réclamation relative à son accident.

L'enquête de la justice de paix et le paiement, par le patron ou l'assurance, de l'indemnité temporaire (demi-salaire) sont interruptifs de la prescription (même art. 18). Ainsi disparaîtront les discussions, les mécomptes éprouvés sur la question de l'interruption ou de la prescription par l'enquête et le paiement de l'indemnité temporaire. Seule l'inaction absolue du blessé l'exposera à la prescription.

L'appel des jugements (contradictoires) devra être interjeté dans le mois, et pour les jugements par défaut, dans la quinzaine du jour où l'opposition ne sera plus recevable (art. 17).

La rédaction nouvelle (loi du 22 mars 1902) met fin à la divergence d'opinions qui s'était manifestée sur le point de savoir si l'appel pouvait être interjeté dès le jugement, ou s'il fallait, au contraire, laisser s'écouler le délai de huitaine qui suit ce jugement (art. 449 C. P. C.). Ce délai prévu par ledit article 449 sera de rigueur, mais l'appel pourra être interjeté dans les 30 jours au lieu de 15 jours qu'indiquait la loi de 1898.

Lorsqu'il y aura expertise, le médecin habituel du malade, celui du patron ou de la Cⁱᵉ d'assurance ne pourra être désigné ;— cette disposition est trop légitime pour qu'il y ait lieu de la discuter.

L'ouvrier a de plein droit l'assistance judiciaire pour les instances devant le juge de paix, devant le président du Tribunal civil et devant le Tribunal.

L'assistance étant de droit, la victime n'a pas à justifier de son indigence.

Le bénéfice de l'assistance judiciaire s'étend également à l'acte d'appel (art. 22).

Assurée de pouvoir faire signifier de suite son acte d'appel, la victime ne sera plus exposée à voir expirer le délai qui lui est imparti, avant qu'elle n'ait obtenu l'assistance, et son droit sera ainsi sauvegardé.

L'action en revision pour aggravation ou pour amélioration et atténuation de l'infirmité de la victime, ou son décès par suite des conséquences de l'accident, est ouverte pendant trois ans à partir de l'accord intervenu entre les parties ou de la décision définitive (art. 19).

Nota. — *Les textes des lois devant être affichés dans chaque atelier, les chefs d'industrie, d'entreprise et les patrons pourront, lorsqu'ils le jugeront utile, se reporter sur ces affiches pour connaître les articles auxquels nous avons cru devoir renvoyer. Par suite, nous croyons inutile de reproduire dans nos guides les textes législatifs.*

TABLE DES MATIÈRES

Bordeaux. — Impr. G. GOUNOUILHOU, rue Guiraude, 11.

www.ingramcontent.com/pod-product-compliance
Lightning Source LLC
Chambersburg PA
CBHW070718210326
41520CB00016B/4388